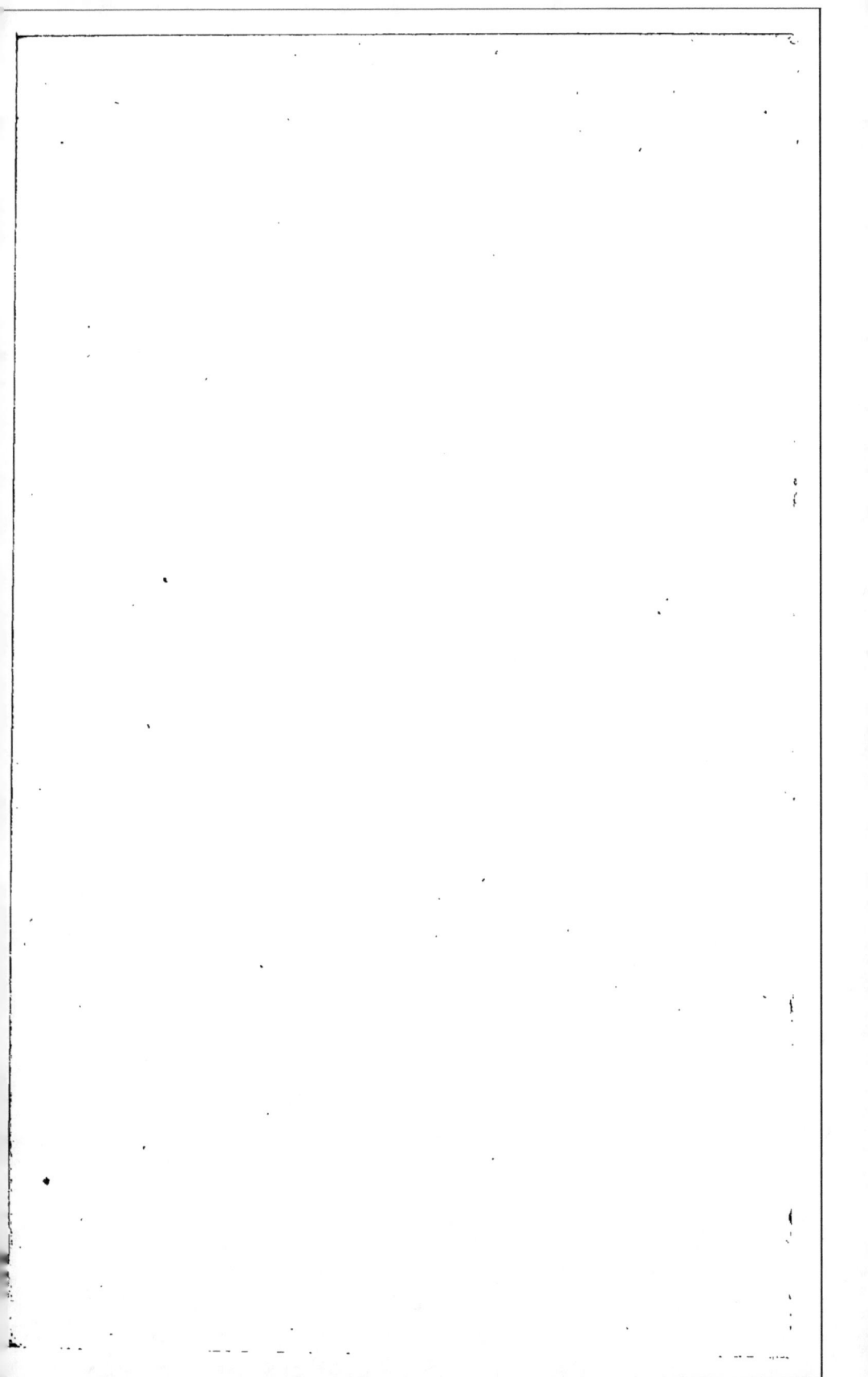

# PIÈCES OFFICIELLES,

### RELATIVES

## A LA JOURNÉE DU 31 MARS,

#### CONTENANT:

LES PROCLAMATIONS du Roi et des Princes, du Maire
de Bordeaux et du Conseil municipal de Paris aux
Français.—La DÉCLARATION de l'Empereur Alexandre au Peuple Français. — Les ACTES et ADRESSES
du Sénat et du Gouvernement provisoire. — L'ACTE
qui déclare la déchéance de Buonaparte. — L'AB-
DICATION de ce dernier. — La CONSTITUTION pré-
sentée par le Sénat..— La DÉCLARATION du Roi à
ce sujet.

SUIVIES DU TRAITÉ DE PAIX.

## PARIS,

D'HAUTEL, Imprimeur, rue de la Harpe, N°. 80.
JANET ET COTELLE, Libraires, rue Neuve-
des-Petits-Champs, N°. 17.

## 1814.

*Pièces officielles relatives à la journée du 31 mars,* 75 c.
En réunissant ces PIÈCES OFFICIELLES à la CHARTE CONSTITUTIONNELLE, Br. in-8°. qui se trouve chez les mêmes Libraires , on aura une Collection complète des Actes qui ont coopéré à l'heureuse révolution du 31 mars.

*Charte constitutionnelle des Français,* in-8°.    60 c.
La même, *format* in-18.    50 c.

# TABLE.

Proclamations de Louis XVIII aux Français.    Pag. 1

       de Monsieur.        3

       de S. A. R. le Duc d'Angoulême.        4

       du Maire de Bordeaux.        6

       du Conseil-général du Département de la

         Seine.        9

Déclaration des Puissances alliées, etc.        12

Séances du Sénat.        13

Adresse du Gouvernement provisoire

       au Peuple français.        22

       à l'Armée.        24

Constitution décrétée par le Sénat.        26

Abdication de Buonaparte.        31

Déclaration du Roi à ce sujet.        id.

Traité de paix.        33

    Article additionnel.        49

    Article additionnel au traité avec la Russie.        51

    Articles additionnels aux traité avec la Grande-

      Bretagne.        52

    Article additionnel au traité avec la Prusse.        54

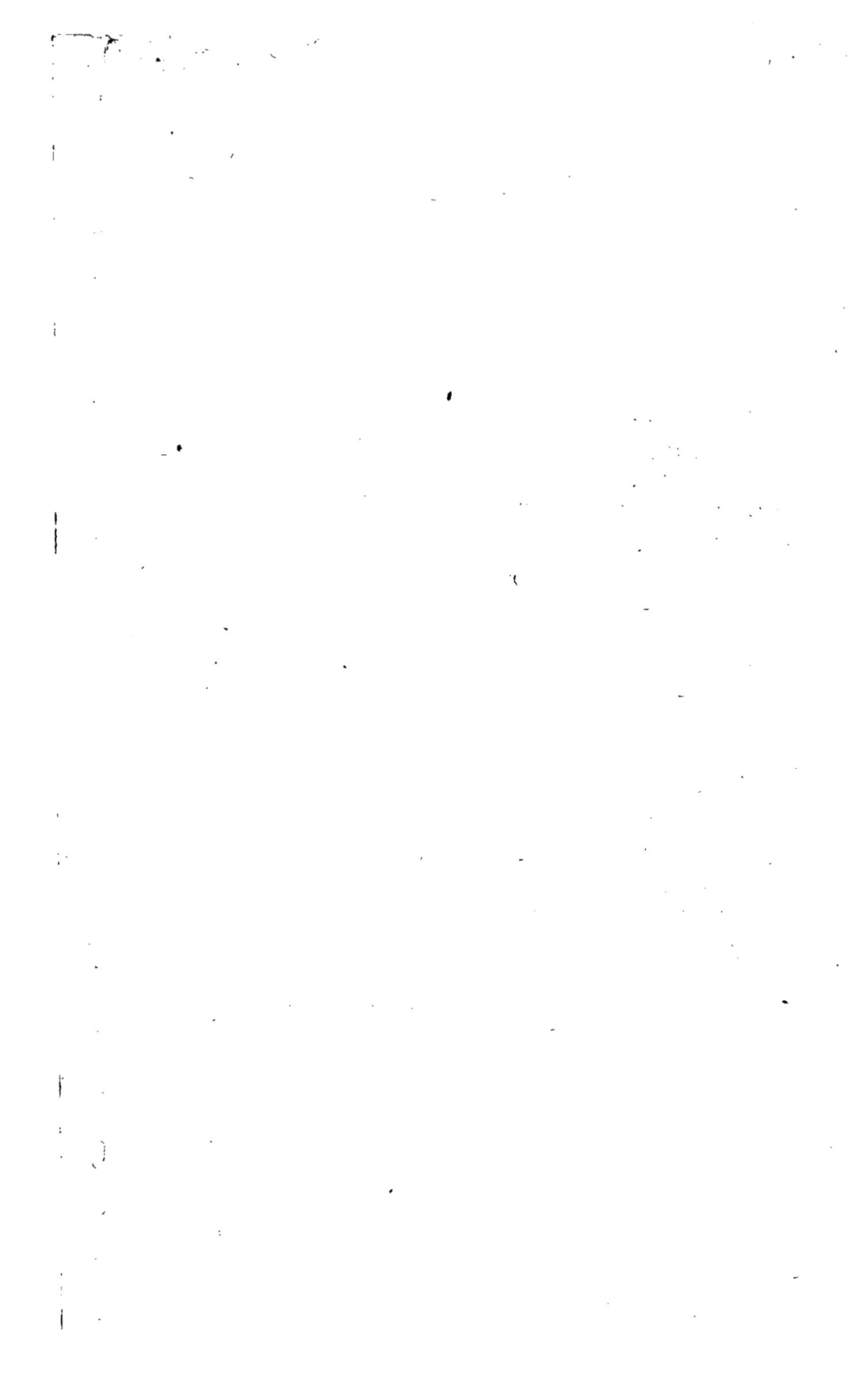

# PIÈCES OFFICIELLES,

## RELATIVES

## A LA JOURNÉE DU 31 MARS.

---

## PROCLAMATIONS.

---

### LOUIS XVIII AUX FRANÇAIS.

Le moment est enfin arrivé où la divine Providence semble prête à briser l'instrument de sa colère. L'usurpateur du trône de Saint-Louis, le dévastateur de l'Europe, éprouve à son tour des revers. Ne feront-ils qu'aggraver les maux de la France, et n'osera-t-elle renverser un pouvoir odieux que ne protègent plus les prestiges de la victoire? Quelles préventions ou quelles craintes pourroient aujourd'hui l'empêcher de se jeter dans les bras de son roi, et de reconnoître, dans le rétablissement de sa légitime autorité, le seul gage de l'union, de la paix et du bonheur que ses promesses ont tant de fois garantis à ses sujets opprimés?

Ne voulant, ne pouvant tenir que de leurs efforts le trône que ses droits et leur amour peuvent seuls affermir, quels vœux seroient contraires à ceux qu'il ne cesse de former? Quel doute pourroit-on élever sur ses intentions paternelles?

Le roi a dit dans ses déclarations précédentes, et il réitère l'assurance que les corps administratifs et judiciaires seront maintenus dans la plénitude de leurs attributions, qu'il conservera leurs places

I

à ceux qui en sont pourvus, et qui lui prêteront serment de fidélité; que les tribunaux, dépositaires des lois, s'interdiront toutes poursuites relatives à ces temps malheureux, dont son retour aura scellé pour jamais l'oubli; qu'enfin le code, souillé du nom de Napoléon, mais qui ne renferme en grande partie que les anciennes ordonnances et coutumes du royaume, restera en vigueur, si l'on en excepte les dispositions contraires aux dogmes religieux, assujétis long-temps, ainsi que la liberté du peuple, aux caprices du tyran.

Le sénat, où siégent des hommes que leurs talens distinguent à si juste titre, et que tant de services peuvent illustrer aux yeux de la France et de la postérité, ce corps, dont l'utilité et l'importance ne seront bien reconnues qu'après la restauration, peut-il manquer d'apercevoir la destinée glorieuse qui l'appelle à être le premier instrument du grand bienfait qui deviendra la plus solide comme la plus honorable garantie de son existence et de ses prérogatives?

A l'égard des propriétés, le roi, qui a déjà annoncé l'intention d'employer les moyens les plus propres à concilier les droits et les intérêts de tous, voit les nombreuses transactions qui ont eu lieu entre les anciens et les nouveaux propriétaires, rendre ce soin presque superflu. Il s'engage, maintenant à interdire aux tribunaux toutes procédures contraires auxdites transactions, à encourager les arrangemens volontaires, et à donner lui-même, ainsi que sa famille, l'exemple de tous les sacrifices qui pourront contribuer au repos de la France, et à l'union sincère des Français.

Le roi a garanti à l'armée la conservation des grades, emplois, solde et appointemens dont elle jouit à présent; il promet aussi aux généraux, officiers et soldats qui se signaleront en faveur de sa cause, inséparable des intérêts du peuple françois, des récompenses plus réelles, des distinctions plus honorables que celles qu'ils ont pu recevoir d'un usurpateur toujours prêt à méconnoître, ou même à redouter leurs services. Le roi prend de nouveau l'engagement d'abolir cette conscription funeste qui détruit le bonheur des familles et l'espérance de la patrie.

Telles ont toujours été, telles sont encore les intentions du roi. Son rétablissement sur le trône de ses ancêtres ne sera pour la France que l'heureuse transition des calamités d'une guerre que perpétue la tyrannie aux bienfaits d'une paix solide, dont les puissances étrangères ne peuvent trouver la garantie que dans la parole du souverain légitime.

Hartwell, comté de Buckingham, le 1er. janvier 1814.

*Signé*, LOUIS.

## Proclamation de MONSIEUR, *frère du Roi*.

NOUS, CHARLES-PHILIPPE de FRANCE, fils de France, MONSIEUR, comte d'ARTOIS, lieutenant-général du royaume, etc., etc., à tous les Français, salut.

Français! le jour de votre délivrance approche. Le frère de votre roi est arrivé parmi vous. C'est au milieu de la France qu'il veut relever l'antique bannière des lys, et vous annoncer le retour du bonheur et de la paix, sous un règne protecteur des lois et de la liberté publique.

Plus de tyran, plus de guerre, plus de conscription, plus de droits réunis. Qu'à la voix de votre souverain, de votre père, vos malheurs soient effacés par l'espérance, vos erreurs par l'oubli, vos dissensions par l'union dont il veut être le gage.

Les promesses qu'il vous renouvelle solennellement aujourd'hui, il brûle de les accomplir et de signaler, par son amour et ses bienfaits, le moment fortuné qui, en lui ramenant ses sujets, va le rendre à ses enfans. *Vive le Roi!*

Vesoul, 27 février.

*Signé*, CHARLES-PHILIPPE.

De par Son Altesse Royale,

*Signé*, le comte FRANÇOIS D'ESCARS.

---

*Proclamation de S. A. R. le Duc d'Angoulême, aux Bordelais.*

FRANÇAIS,

Depuis que je suis en France, j'ai été vivement ému des témoignages d'amour que j'ai reçus du peuple au nom du frère de Louis XVI, dont j'ai les pouvoirs. Je m'empresse de vous assurer que les descendans de Henri IV n'ont rien de plus à cœur que votre délivrance et votre bonheur.

J'étois surtout impatient de vous exprimer, Bordelais, ma vive reconnoissance du touchant accueil que j'ai reçu dans une ville où j'ai vu éclater le vrai caractère français qui faisoit ma plus douce espérance.

Ce ne sont pas les Bourbons qui ont attiré sur votre territoire les puissances alliées. Elles s'y sont précipitées pour préserver leurs États de nouveaux malheurs; comme elles sont convaincues qu'il n'y a de repos pour leurs peuples et pour la France que dans une monarchie tempérée, elles ouvrent les voies du trône au successeur de Saint-Louis.

Ce n'est que par vos vœux que le Roi, mon oncle, aspire à être le restaurateur d'un Gouvernement paternel et libre. Jusques à cette époque, il ne veut rien innover dans la forme de votre administration. Comme lui, satisfait de vos vœux et de votre amour, je déclare que rien ne sera changé par moi. Seulement j'aime à vous répéter que ma plus consolante mission est de proclamer au nom du Roi, qu'il n'y aura plus de conscription, ni d'impôts odieux ; que la liberté des cultes sera maintenue ; que le commerce et l'industrie, véritables sources de la prospérité publique, seront encouragés ; qu'il ne sera porté aucune atteinte à la propriété des domaines qu'on appeloit nationaux. Des princes français n'ont pas besoin de donner leur parole à la bravoure française, qu'elle ne reverra jamais enlever ses récompenses et ses honneurs.

Si je n'ai pas dû retenir le premier élan de vos âmes, je dois vous conjurer, ô Français, de vous abstenir de tout esprit de parti, et d'éviter ainsi un malheur pire encore que la tyrannie.

Que tous les fonctionnaires publics exercent leurs emplois, que la justice soit rendue par les mêmes magistrats qu'auparavant. Je les conjure de payer à leur patrie la dette la plus sacrée, celle de rendre la justice et d'administrer. Je ne leur demande pas de nouveaux sermens. Le premier besoin du peuple est d'être gouverné. Si les juges, si les Administrateurs restoient absens ; s'ils exposoient ainsi leur pays à l'anarchie, il faudroit bien pourvoir à leur remplacement. Mon cœur seroit bien plus satisfait de voir tous les fonctionnaires civils continuer leurs charges sans défiance, et préparer ainsi le bonheur de la patrie pour le moment où la paix consolera la terre.

Bordeaux, 15 mars 1814.

*Signé* LOUIS ANTOINE.

Et plus bas :

*Signé*, le comte ETIENNE DE DAMAS.

# PROCLAMATION.

## Le Maire de Bordeaux à ses Concitoyens.

Habitans de Bordeaux!

Le Magistrat paternel de votre ville a été appelé, par les plus heureuses circonstances, à se rendre l'interprète de vos vœux trop long-temps comprimés, et l'organe de votre intérêt, pour accueillir en votre nom le neveu, le gendre de Louis XVI, dont la présence change en alliés des peuples irrités qui, jusqu'à vos portes, ont eu le nom d'ennemis.

Déjà, Bordelais, les proclamations que, dans l'impuissance de la presse, vos plumes impatientes ont multipliées, vous ont rassurés sur les intentions de notre Roi et sur les projets de ses Alliés.

Ce n'est pas pour assujétir nos contrées à une domination étrangère, que les Anglais, les Espagnols et les Portugais y apparoissent; ils se sont réunis dans le Midi, comme d'autres peuples au Nord, pour détruire le fléau des nations, et le remplacer par un Monarque, père du peuple; ce n'est même que par lui que nous pouvons apaiser le ressentiment d'une nation voisine, contre laquelle nous avoit lancés le despotisme le plus perfide.

Si je n'avois été convaincu que la présence des Bourbons, conduits par leur généreux allié, devoit amener la fin de nos maux, je n'aurois sans doute jamais déserté votre ville; mais j'aurois courbé la tête en silence sous un joug passager. On ne m'eût point vu arborer cette couleur qui présage un Gouvernement pur, si l'on ne m'avoit garanti que toutes les classes de citoyens jouiroient de ces bienfaits que les progrès de l'esprit humain promettoient à notre siècle.

( 7 )

Les mains des Bourbons sont pures du sang
français. Le testament de Louis XVI à la main,
*ils oublient tout ressentiment*; par-tout ils proclament et ils prouvent que la tolérance est le premier
besoin de leurs ames. Instruits que les ministres
d'une religion différente de celle qu'ils professent,
ont gémi sur le sort des Rois et des Pontifes, ils
promettent une égale protection à tous les cultes,
et invoquent un Dieu de paix et de réconciliation.

C'est en déplorant les horribles ravages de la
tyrannie qu'amena la licence, qu'ils oublient les
erreurs causées par les illusions de la liberté. Loin
d'en vouloir à ceux qui, avec une ardeur trop pu-
nie, en ont poursuivi le vain fantôme, ils viennent
leur restituer cette liberté véritable qui laisse à-la-
fois le Monarque et le Peuple sans défiance. Toutes
les institutions libérales seront maintenues. Ef-
frayé de la facilité des Français à voter des impôts, soutiens du despotisme, le Prince sera le
premier à concerter avec vos Représentans, le mode
le plus légal, la répartition la plus équitable, pour
que le peuple ne soit pas foulé.

Ces courtes et consolantes paroles que vient de
vous adresser l'époux de la fille de Louis XVI :
*Plus de tyrans! plus de guerre! plus de conscrip-
tion! plus d'impôts vexatoires!* ont déjà rassuré
vos familles. Déjà S. M. a deux fois proclamé à la
face de l'Europe, que l'intérêt de l'Etat lui feroit
une loi de consolider des ventes qui, par d'innom-
brables mutations, ont intéressé tant de familles
à des propriétés désormais garanties. Bordelais,
je me suis assuré que la ferme volonté de S. M.
étoit de favoriser l'industrie, et de ramener parmi
nous cette impartiale liberté de commerce qui,
avant 1789, avoit répandu l'aisance dans toutes les
classes laborieuses. Vos récoltes vont cesser d'être
ruineuses; les colonies, trop long-temps séparées
de la mère-patrie, vous seront rendues; la mer,

qui étoit devenue comme inutile pour vous, va ramener dans votre port des pavillons amis; l'ouvrier laborieux ne verra plus ses mains oisives; et le marin, rendu à sa noble profession, va naviguer de nouveau pour acheter le repos de sa vieillesse, et léguer son expérience à ses fils.

L'époux de la fille de Louis XVI est dans vos murs; il vous fera bientôt entendre lui-même l'expression des sentimens qui l'animent et de ceux du Monarque dont il est le représentant et l'interprète.

L'espoir des jours de bonheur qu'il nous assure, a soutenu mes forces.

Je n'ai pas besoin de vous inviter à la concorde. Tous nos vœux ne tendent-ils pas au même but, la destruction de la tyrannie sous laquelle nous avons tous également gémi? mais chacun de nous doit y concourir avec autant d'ordre que d'ardeur. Amsterdam n'a point attendu la présence de ses libérateurs, pour se prononcer et rétablir l'ancien Gouvernement, seul capable de rappeler son commerce à sa prospérité : c'est au patriotisme des négocians que le Stathouder a dû son rétablissement, et la prompte création de l'armée qui défend par ses mains la liberté hollandaise.

Les premiers, vous aurez donné un semblable exemple à la France. La gloire et l'avantage qu'en retirera notre ville la rendra à jamais célèbre et heureuse entre les cités.

Tout nous permet d'espérer qu'à l'excès des maux vont succéder enfin ces temps désirés par la sagesse, où doivent cesser les rivalités des nations, et peut-être étoit-il réservé au grand capitaine qui a déjà mérité le titre de *libérateur des peuples*, d'attacher son nom glorieux à l'époque de cet heureux prodige.

Tels sont, ô mes concitoyens, les motifs, les espérances qui ont guidé nos démarches, et m'ont déterminé à faire pour vous, s'il le falloit, le sacrifice de ma vie. Dieu m'est témoin que je n'ai en vue que le bonheur de notre patrie.

VIVE LE ROI !

A Bordeaux, en l'Hôtel-de-Ville, le 12 mars 1814.

*Le Maire*, LYNCH.

*Proclamation du Conseil-Général du Département de la Seine et du Conseil municipal de Paris.*

HABITANS DE PARIS,

Vos Magistrats seroient traîtres envers vous et la patrie, si, par de viles considérations personnelles, ils comprimoient plus long-temps la voix de leur conscience.

Elle leur crie que vous devez tous les maux qui vous accablent à un seul homme.

C'est lui qui, chaque année, par la conscription, décimoit vos familles. Qui de nous n'a perdu un fils, un frère, des parens, des amis ? Pour qui tous ces braves sont-ils morts ? Pour lui seul, et non pour le pays. Pour quelle cause ? Ils ont été immolés, uniquement immolés à la démence de laisser après lui le souvenir du plus épouvantable oppresseur qui ait pesé sur l'espèce humaine.

C'est lui qui, au lieu de quatre cents millions que la France payait sous nos bons et anciens rois, pour être libre, heureuse et tranquille, nous a surchargés de plus de *quinze cents millions* d'impôts, auxquels il menaçoit d'ajouter encore.

C'est lui qui nous a fermé les mers des deux mondes, qui a tari toutes les sources de l'industrie nationale, arraché à nos champs les cultivateurs, les ouvriers à nos manufactures.

A lui nous devons la haine de tous les peuples sans l'avoir méritée, puisque, comme eux, nous fûmes les malheureuses victimes, bien plus que les tristes instrumens de sa rage.

N'est-ce pas lui aussi qui, violant ce que les hommes ont de plus sacré, a retenu captif le vénérable chef de la religion, a privé de ses Etats, par une détestable perfidie, un Roi son allié, et livré à la dévastation la nation espagnole, notre antique et toujours fidèle amie?

N'est-ce pas lui encore qui, ennemi de ses propres sujets long-temps trompés par lui, après avoir tout-à-l'heure refusé une paix honorable, dans laquelle notre malheureux pays du moins, eût pu respirer, a fini par donner l'ordre parricide d'exposer inutilement la Garde Nationale pour la défense impossible de la Capitale, sur laquelle il appeloit ainsi toutes les vengeances de l'ennemi?

N'est-ce pas lui enfin qui, redoutant par-dessus tout la vérité, a chassé outrageusement, à la face de l'Europe, nos Législateurs, parce qu'une fois ils ont tenté de la lui dire avec autant de ménagement que de dignité?

Qu'importe qu'il n'ait sacrifié qu'un petit nombre de personnes à ses haines ou bien à ses vengeances particulières, s'il a sacrifié la France, que disons-nous la France, toute l'Europe à son ambition sans mesure?

Ambition ou vengeance, la cause n'est rien. Quelle que soit cette cause, voyez l'effet; voyez ce vaste continent de l'Europe par-tout couvert des ossemens confondus de Français et de peuples qui n'avoient rien à se demander les uns aux autres, qui ne se haïssoient pas, que les distances affranchissoient des querelles, et qu'il n'a précipités dans la guerre que pour remplir la terre du bruit de son nom.

Que nous parle-t-on de ces victoires passées? Quel bien nous ont-elles fait ces funestes victoires? La haine des peuples, les larmes de nos familles, lé célibat forcé de nos filles, la ruine de toutes les fortunes, le veuvage prématuré de nos femmes, le déséspoir des pères et des mères à qui, d'une nombreuse postérité, il ne reste plus la main d'un enfant pour leur fermer les yeux ; voilà ce que nous ont produit ces victoires ! Ce sont elles qui amènent aujourd'hui jusque dans nos murs toujours restés vierges sous la paternelle administration de nos rois, les étrangers dont la généreuse protection nous commande la reconnoissance, lorsqu'il nous eût été si doux de leur offrir une alliance désintéressée.

Il n'est pas un d'entre nous qui, dans le secret de son cœur, ne le déteste comme un ennemi public ; pas un qui, dans ses plus intimes communications, n'ait formé le vœu de voir arriver un terme à tant d'inutiles cruautés.

Ce vœu de nos cœurs et des vôtres, nous serions des déserteurs de la cause publique si nous tardions à l'exprimer.

*L'Europe en armes* nous le demande ; elle l'implore comme un bienfait envers l'humanité, comme le garant d'une paix universelle et durable.

Parisiens, l'*Europe en armes* ne l'obtiendroit pas de vos Magistrats, s'il n'était pas conforme à leurs devoirs.

Mais c'est au nom de ces devoirs même et des plus sacrés de tous, que nous abjurons toute obéissance envers l'usurpateur, pour retourner à nos maîtres légitimes.

S'il y a des périls à suivre ce mouvement du cœur et de la conscience, nous les acceptons. L'histoire et la reconnoissance des Français recueilleront nos noms ; elles les légueront à l'estime de la postérité.

En conséquence,

Le Conseil-Général du département de la Seine, Conseil Municipal de Paris spontanément réuni,

Déclare, à l'unanimité de ses Membres pré-
sents :

Qu'il renonce formellement à toute obéissance
envers Napoléon Buonaparte ;

Exprime le vœu le plus ardent pour que le
Gouvernement monarchique soit rétabli dans la
personne de Louis XVIII et de ses successeurs
légitimes ;

Arrête que la présente Déclaration et la Proclamation qui l'explique seront imprimées, dis-
tribuées et affichées à Paris, notifiées à toutes les
autorités restées à Paris et dans le Département, et
envoyées à tous les Conseils-Généraux de Département.

Fait en Conseil-Général, à Paris, en l'Hôtel-
de-ville, le premier avril 1814.

*Signés* BADENIER, BARTHÉLEMY, BELLART,
BONHOMET, BOSCHERON, DELAITRE, GAU-
THIER, D'HARCOURT, DE LAMOIGNON ;
LEBEAU, *Président* ; MONTAMANT, *Secré-
taire,* PÉRIGNON, VIAL.

# DÉCLARATION
## DES PUISSANCES ALLIÉES
### AUX FRANÇAIS.

Les armées des puissances alliées ont occupé la
capitale de la France. Les souverains alliés ac-
cueillent le vœu de la nation française.

Ils déclarent :

Que si les conditions de la paix devoient renfer-
mer de plus fortes garanties, lorsqu'il s'agissoit
d'enchaîner l'ambition de Buonaparte, elles doivent être plus favorables, lorsque, par un retour

vers un Gouvernement sage, la France elle-même offrira l'assurance de ce repos.

Les Souverains proclament en conséquence :

Qu'ils ne traiteront plus avec Napoléon Buonaparte ni avec aucun de sa famille ;

Qu'ils respectent l'intégrité de l'ancienne France, telle qu'elle a existé sous ses Rois légitimes; ils peuvent même faire plus, parce qu'ils professent toujours le principe que, pour le bonheur de l'Europe, il faut que la France soit grande et forte ;

Qu'ils reconnoîtront et garantiront la constitution que la nation française se donnera. Ils invitent par conséquent le Sénat à désigner sur-le-champ un Gouvernement provisoire qui puisse pourvoir aux besoins de l'administration, et préparer la constitution qui conviendra au peuple français.

Les intentions que je viens d'exprimer me sont communes avec toutes les puissances alliées.

*Signé*, ALEXANDRE.

Par S. M. I. le Secrétaire d'Etat,

Comte DE NESSELRODE.

Paris, 31 mars 1814, trois heures après midi.

## SÉNAT-CONSERVATEUR.

*Séance du vendredi 1er. avril 1814, après midi, présidée par S. A. S. le Prince de Bénévent, Vice-Grand-Electeur.*

A trois heures et demie, les membres du Sénat se réunissent en vertu d'une convocation extraordinaire, sous la présidence de S. A. S. le Prince de Bénévent, Vice-Grand-Electeur. La Séance est ouverte par la lecture du procès - verbal de celle du 28 mars dernier.

Le Sénat en adopte la rédaction.

S. A. S. le Prince Vice Grand-Electeur, Président, prend ensuite la parole en ces termes :

« SÉNATEURS,

« La lettre que j'ai eu l'honneur d'adresser à chacun de vous pour les prévenir de cette convocation, leur en fait connoître l'objet. Il s'agit de vous transmettre des propositions ; ce seul mot suffit pour indiquer la liberté que chacun de vous apporte dans cette assemblée. Elle vous donne les moyens de laisser prendre un généreux essor aux sentimens dont l'ame de chacun de vous est remplie, la volonté de sauver votre pays, et la résolution d'accourir au secours d'un peuple délaissé. Sénateurs, les circonstances, quelque graves qu'elles soient, ne peuvent être au-dessus du patriotisme ferme et éclairé de tous les Membres de cette assemblée, et vous avez sûrement senti tous également la nécessité d'une délibération qui ferme la porte à tout retard, et qui ne laisse pas écouler la journée sans rétablir l'action de l'Administration, ce premier de tous les besoins, par la formation d'un Gouvernement dont l'autorité formée pour le besoin du moment, ne peut qu'être rassurante ».

Le Prince Vice-Grand-Electeur ayant cessé de parler, diverses propositions sont faites par plusieurs Membres. La matière mise en délibération, le Sénat arrête :

1°. Qu'il sera établi un Gouvernement provisoire, chargé de pourvoir aux besoins de l'Administration, et de présenter au Sénat, un projet de Constitution qui puisse convenir au peuple français.

2°. Que ce Gouvernement sera composé de cinq Membres.

Procédant ensuite à leur nomination, le Sénat élit pour membres du Gouvernement provisoire :

M. de Talleyrand, Prince de Bénévent, M. le Sénateur comte de Beurnonville, M. le Sénateur comte de Jaucourt, M. le duc de Dalberg, conseiller d'Etat, M. de Montesquiou, ancien membre de l'Assemblée Constituante.

Ils sont proclamés en cette qualité, par le Prince Vice-Grand-Electeur, Président.

S. A. S. ajoute que, l'un des premiers soins du Gouvernement provisoire devant être la rédaction d'un projet de Constitution, les Membres de ce Gouvernement, lorsqu'ils s'occuperont de cette rédaction, en donneront avis à tous les membres du Sénat qui sont invités à concourir de leurs lumières à la perfection d'un travail aussi important.

Il est ensuite arrêté que l'acte de nomination du Gouvernement provisoire sera notifié au peuple français par une adresse des Membres de ce Gouvernement.

Quelques Sénateurs demandent que cet acte contienne l'exposé des motifs qui ont déterminé le Sénat et rendu sa réunion indispensable.

D'autres Membres demandent, au contraire, que ces motifs fassent partie de l'adresse qui sera publiée par les membres du Gouvernement provisoire.

Le Sénat adopte cette dernière proposition.

Un Membre propose d'arrêter en principe et de charger le Gouvernement provisoire de comprendre en substance dans son adresse au peuple français :

1°. Que le Sénat et le Corps Législatif seront déclarés partie intégrante de la Constitution projetée, sauf les modifications qui seront jugées nécessaires pour assurer la liberté des suffrages et des opinions ;

2°. Que l'armée, ainsi que les officiers et soldats en retraite, les veuves et officiers pensionnés conserveront les grades, honneurs et pensions dont ils jouissent;

3°. Qu'il ne sera porté aucune atteinte à la dette publique;

4°. Que les ventes des domaines nationaux seront irrévocablement maintenues;

5°. Qu'aucun Français ne pourra être recherché pour les opinions politiques qu'il a pu émettre;

6°. Que la liberté des cultes et des consciences sera maintenue et proclamée, ainsi que la liberté de la presse, sauf la répression légale des délits qui pourroient naître de l'abus de cette liberté.

Ces différentes propositions, appuyées par plusieurs Membres, sont mises aux voix par le Prince Vice-Grand-Electeur Président, et adoptées par le Sénat.

Un Membre demande que, pour concilier l'adoption de ces propositions avec la confiance due aux membres du Gouvernement provisoire qui vient d'être établi, l'adresse au peuple français que feront les membres de ce Gouvernement, énonce qu'ils sont chargés de préparer une Constitution telle qu'il ne soit porté aucune atteinte aux principes qui font la base de ces propositions.

Le Sénat adopte cet amendement.

Le Sénat s'ajourne à ce soir neuf heures pour entendre et adopter la rédaction définitive du procès-verbal, et pour en signer individuellement l'expédition.

M. le Sénateur comte Barthélemy, ex-Président du Sénat, est désigné pour présider en l'absence du Prince Vice-Grand-Electeur qui ne pourra se trouver à cette Séance.

Il est arrêté qu'extrait du procès-verbal, contenant la nomination des membres du Gouvernement provisoire, sera dès à présent expédié sous la signature du Président et des Secrétaires.

Les Sénateurs qui, faute d'avoir été prévenus à temps, n'ont pu assister à la présente Séance, seront de nouveau convoqués par le Président pour la Séance de ce soir.

Ces délibérations prises, le Prince Vice-Grand-Électeur lève la Séance.

*Les Président et Secrétaires*, le Prince DE BÉNÉVENT.

LES COMTES DE VALENCE et PASTORET.

*Du même jour 1ᵉʳ. avril 1814.*

À neuf heures du soir, la Séance est reprise sous la Présidence de M. le Sénateur Comte Barthélemy.

Le Sénat entend la lecture et adopte, après quelques amendemens, la rédaction du procès-verbal de ce jour.

On demande que ce procès-verbal soit imprimé et distribué au nombre de six exemplaires à chacun des membres du Sénat.

Cette proposition est adoptée.

On demande pareillement qu'il soit fait mention au procès-verbal des excuses fournies par les Sénateurs Vernier, Decroix, Garant-Coulon, François de Neufchâteau et Thévenard qui, pour cause de maladie, n'ont pu assister à la Séance de ce jour.

Il est ensuite procédé par les Membres présens à la signature du procès-verbal, ainsi qu'il suit :

*Les Président et Secrétaires*,
*Signé* le Comte BARTHÉLEMY.

LES COMTES DE VALENCE et PASTORET.

LES SÉNATEURS COMTES ABRIAL, BARBÉ-MARBOIS, etc.

*Message du Sénat au Gouvernement provisoire.*

« Messieurs les Membres du Gouvernement provisoire,

Le Sénat me charge de vous prier de faire connoître dès demain au peuple français que le Sénat, par un décret rendu dans sa Séance de ce jour, a déclaré la déchéance de l'Empereur Napoléon et de sa famille, et délie, en conséquence, le peuple français et l'armée du serment de fidélité. Cet acte vous sera adressé dans la journée de demain, avec ses motifs et ses considérans ».

J'ai l'honneur de vous saluer.

*Le Président du Sénat,*

*Signé* BARTHÉLEMY.

Paris, 2 avril 1814, à neuf heures et demie du soir.

*Séance du Dimanche 3 Avril 1814, présidée par M. le Sénateur Comte Barthélemy.*

A midi, les membres du Sénat se réunissent en vertu de l'ajournement porté au procès-verbal de la séance d'hier.

Le Sénat entend la lecture et approuve la rédaction de ce procès-verbal.

Il approuve pareillement la rédaction du procès-verbal relatif au transport et à la réception du Sénat chez S. M. l'Empereur de Russie.

A l'occasion de ce dernier procès-verbal, et de l'assurance donnée au Sénat par l'Empereur Alexandre de délivrer tous les Français prisonniers de guerre dans ses Etats, le Sénat, profondément touché de cet acte magnanime qui doit rendre tant d'infortunés à leurs familles, arrête que le Gouvernement provisoire sera invité à prendre toutes les mesures nécessaires pour accélérer leur retour.

L'Assemblée arrête également de consacrer dans ses registres le souvenir d'une si grande magnanimité.

Un Membre demande que le procès-verbal dont il s'agit soit imprimé et distribué au nombre de six exemplaires à chacun des Sénateurs.

Cette proposition est adoptée.

L'Assemblée, sur la proposition d'un autre Membre, prend l'arrêté suivant :

Le Sénat rappelle dans son sein tous les Sénateurs absens, excepté ceux dont la présence sera jugée utile dans les Départemens.

Le présent arrêté sera transmis au Gouvernement provisoire pour l'exécution.

M. le Président communique à l'Assemblée plusieurs lettres qu'il a reçues de divers Membres du Sénat. Quatre de ces lettres, écrites sous la date courante du 3 avril, contiennent l'adhésion des Sénateurs d'Aboville, François de Neufchâteau, Lenoir-Laroche et Shée, aux mesures prises par le Sénat dans ses précédentes séances. Les Sénateurs Lejeas, Legrand, Fallet-Barol s'excusent, par trois autres lettres sous la même date, de ne pouvoir, attendu leur état de maladie, assister aux séances du Sénat.

Le Sénat ordonne qu'il sera fait mention de ces lettres au procès-verbal.

L'ordre du jour appelle la rédaction définitive du décret rendu dans la séance d'hier.

M. le Sénateur Comte Lambreschts, chargé de cette rédaction, en présente le projet. Il est, après deux lectures successives, renvoyé à l'examen d'une commission spéciale, formée des Sénateurs Barbé-Marbois, de Fontanes, Garat et Lanjuinais. Les Commissaires se retirent pour cet examen dans la salle du Conseil. La séance est suspendue jusqu'à leur retour.

A quatre heures la séance est reprise. M. le Sénateur Comte Lambrechts donne lecture du projet revu et adopté par la commission spéciale. Ce projet, mis aux voix par M. le Président, est adopté par le Sénat dans les termes suivans :

Le Sénat-Conservateur,

Considérant que, dans une monarchie constitutionnelle, le Monarque n'existe qu'en vertu de la constitution ou du pacte social ;

Que Napoléon Buonaparte, pendant quelque temps d'un Gouvernement ferme et prudent, avoit donné à la nation des sujets de compter pour l'avenir sur des actes de sagesse et de justice ; mais qu'ensuite il a déchiré le pacte qui l'unissoit au peuple français, notamment en levant des impôts, en établissant des taxes autrement qu'en vertu de la loi, contre la teneur expresse du serment qu'il avoit prêté à son avènement au trône, conformément à l'article 53 de l'acte des constitutions, du 28 floréal an 12 ;

Qu'il a commis cet attentat aux droits du peuple lors même qu'il venoit d'ajourner, sans nécessité, le Corps-Législatif, et de faire supprimer comme criminel un rapport de ce Corps, auquel il contestoit son titre et sa part à la représentation nationale ;

Qu'il a entrepris une suite de guerres en violation de l'article 50 de l'acte des constitutions, du 22 frimaire an 8, qui veut que la déclaration de guerre soit proposée, discutée, décrétée et promulguée comme des lois ;

Qu'il a inconstitutionnellement rendu plusieurs décrets portant peine de mort, nommément les deux décrets du 5 mars dernier, tendant à faire considérer comme nationale une guerre qui n'avoit lieu que dans l'intérêt de son ambition démesurée ;

Qu'il a violé les lois constitutionnelles par ses décrets sur les prisons d'Etat ;

Qu'il a anéanti la responsabilité des Ministres, confondu tous les pouvoirs et détruit l'indépendance des Corps judiciaires ;

Considérant que la liberté de la presse établie et consacrée comme l'un des droits de la nation, a été constamment soumise à la censure arbitraire de sa police, et qu'en même temps il s'est toujours servi de la presse pour remplir la France et l'Europe de faits controuvés, de maximes fausses, de doctrines favorables au despotisme, et d'outrages contre les Gouvernemens étrangers ;

Que des actes et rapports entendus par le Sénat ont subi des altérations dans la publication qui en été faite ;

Considérant qu'au lieu de régner dans la seule vue de l'intérêt, du bonheur et de la gloire du peuple français, aux termes de son serment, Napoléon a mis le comble aux malheurs de la patrie, par son refus de traiter à des conditions que l'intérêt national obligeoit d'accepter, et qui ne compromettoient pas l'honneur français ;

Par l'abus qu'il a fait de tous les moyens qu'on lui a confiés en hommes et en argent ;

Par l'abandon des blessés sans pansemens, sans secours, sans subsistances ;

Par différentes mesures dont les suites étoient la ruine des villes, la dépopulation des campagnes, la famine et les maladies contagieuses ;

Considérant que, par toutes ces causes, le Gouvernement impérial établi par le Sénatus-Consulte, du 28 floréal an 12, a cessé d'exister, et que le vœu manifeste de tous les Français appelle un ordre de choses dont le premier résultat soit le rétablissement de la paix générale, et qui soit aussi l'époque d'une réconciliation solennelle entre tous les Etats de la grande famille européenne ;

Le Sénat déclare et décrète ce qui suit :

Art. 1.er Napoléon Buonaparte est déchu du trône, et le droit d'hérédité établi dans sa famille est aboli.

2. Le peuple français et l'armée sont déliés du serment de fidélité envers Napoléon Buonaparte.

3. Le présent décret sera transmis par un message au Gouvernement provisoire de la France, envoyé de suite à tous les départemens et aux armées, et proclamé incessamment dans tous les quartiers de la capitale.

*Les Président et Secrétaires*, BARTHÉLEMY ;

Comtes DE VALENCE, PASTORÉT.

# ADRESSE

*Du Gouvernement provisoire au Peuple français.*

FRANÇAIS,

Au sortir des discordes civiles, vous avez choisi pour Chef un homme qui paroissoit sur la scène du monde avec les caractères de la grandeur. Vous avez mis en lui toutes vos espérances ; ces espérances ont été trompées. Sur les ruines de l'anarchie, il n'a fondé que le despotisme.

Il devoit au moins, par reconnoissance devenir Français avec vous : il ne l'a jamais été. Il n'a cessé d'entreprendre, sans but et sans motif, des guerres injustes, en aventurier qui veut être fameux. Il a, dans peu d'années, dévoré vos richesses et votre population.

Chaque famille est en deuil : toute la France gémit ; il est sourd à nos maux. Peut-être rêve-t-il encore à ses desseins gigantesques, même quand

(23)

des revers inouïs punissent avec tant d'éclat l'orgueil et l'abus de la victoire.

Il n'a su régner, ni dans l'intérêt national, ni dans l'intérêt même de son despotisme. Il a détruit tout ce qu'il vouloit créer, et recréé tout ce qu'il vouloit détruire. Il ne croyoit qu'à la force, la force l'accable aujourd'hui, juste retour d'une ambition insensée.

Enfin, cette tyrannie sans exemple a cessé; les puissances alliées viennent d'entrer dans la capitale de la France.

Napoléon nous gouvernoit comme un roi de barbares, Alexandre et ses magnanimes Alliés ne parlent que le langage de l'honneur, de la justice et de l'humanité. Ils viennent réconcilier avec l'Europe un peuple brave et malheureux.

Français, le Sénat a déclaré *Napoléon déchu du trône* : la patrie n'est plus avec lui : un autre ordre de choses peut seul la sauver. Nous avons connu les excès de la licence populaire et ceux du pouvoir absolu; rétablissons la véritable monarchie, en limitant, par de sages lois, les divers pouvoirs qui la composent.

Qu'à l'abri d'un trône paternel, l'agriculture épuisée refleurisse; que le commerce chargé d'entraves reprenne sa liberté; que la jeunesse ne soit plus moissonnée par les armes, avant d'avoir la force de les porter; que l'ordre de la nature ne soit plus interrompu, et que le vieillard puisse espérer de mourir avant ses enfans! Français, rallions-nous; les calamités passées vont finir, et la paix va mettre un terme aux bouleversemens de l'Europe. Les augustes Alliés en ont donné leur parole. La France se reposera de ses longues agitations, et, mieux éclairée par la double épreuve de l'anarchie et du despotisme, elle trouvera le bonheur dans le retour d'un Gouvernement tutélaire.

# ADRESSE A L'ARMÉE.

SOLDATS!

Vous n'êtes plus à Napoléon, mais vous êtes toujours à la patrie; votre premier serment de fidélité fut pour elle : ce serment est irrévocable et sacré.

La constitution nouvelle vous assure vos honneurs, vos grades, vos pensions. Le sénat et le gouvernement provisoire ont reconnu vos droits. Ils sont sûrs que vous n'oublierez pas vos devoirs. Dès ce moment, vos souffrances et vos fatigues cessent. Votre gloire demeure toute entière. La paix vous garantira le prix de vos longs travaux.

Quelle étoit votre destinée sous le gouvernement qui n'est plus? Traînés des bords du Tage à ceux du Danube, des bords du Nil à ceux du Nieper; tour-à-tour brûlés par les chaleurs du Désert ou glacés par les frimas du Nord, vous éleviez, sans intérêt pour la France, une grandeur monstrueuse, dont tout le poids retomboit sur vous comme sur le reste du monde. Tant de milliers de braves n'ont été que les instrumens et les victimes d'une force sans prudence, qui vouloit fonder un Empire sans proportion. Combien sont morts inconnus, pour augmenter la renommée d'un seul homme? Ils ne jouissoient pas même de celle qui leur étoit due. Leurs familles, à la fin de chaque campagne, ne pouvoient constater leur fin glorieuse et s'honorer de leurs faits d'armes.

Tout est changé; vous ne périrez plus à cinq cents lieues de la patrie, pour une cause qui n'est pas la sienne. Des princes nés Français ménageront votre sang, car leur sang est le vôtre. Leurs ancêtres ont gouverné vos ancêtres. Le temps perpétuoit entr'eux et nous un long héritage de sou-

venirs, d'intérêts et de services réciproques. Cette
race antique a produit des Rois qu'on surnommoit
les *pères du peuple*. Elle nous donna Henri IV,
que les guerriers nomment encore le *Roi vaillant*,
et que les laboureurs nommeront toujours le
*bon Roi*.

C'est à ses enfans que votre sort est confié.
Pourriez-vous concevoir quelques alarmes? Ils admiroient, dans une terre étrangère, les prodiges
de la valeur française. Ils l'admiroient, en gémis-
sant que leur retour fût suspendu par tant d'ex-
ploits inutiles.

Ces princes sont enfin au milieu de vous; ils
furent malheureux comme Henri IV, ils régne-
ront comme lui.

Ils n'ignorent pas que la portion la plus distin-
guée de leur grande famille est celle qui compose
l'armée; ils veilleront sur vous comme sur leurs
premiers enfans.

Restez donc fidèles à votre drapeau. De bons
cantonnemens vous seront donnés. Il est parmi
vous des guerriers qui, jeunes encore, sont déjà des
vétérans de la gloire. Leurs blessures ont doublé
leurs années. Ceux-là, s'ils le veulent, iront vieil-
lir auprès de leur berceau avec des récompenses
honorables; les autres continueront à suivre la
carrière des armes, avec toutes les espérances
d'avancement et de stabilité qu'elle peut offrir.

Soldats de la France, que tous les sentimens
français vous animent! ouvrez vos cœurs à toutes
les affections de famille. Revenez vivre avec vos
pères, vos frères, vos compatriotes. Gardez votre
héroïsme, mais pour la défense du territoire, et
non pour l'invasion du territoire étranger. Gardez votre héroïsme, mais que l'ambition ne le
rende point funeste à la France, funeste à vous-

mêmes, et qu'elle n'en fasse plus un sujet d'in-
quiétude pour l'Europe entière.

*Signé* le prince DE BÉNÉVENT.

Le duc DALBERG, FRANÇOIS DE JAUCOURT.

BEURNONVILLE, MONTESQUIOU.

Par le gouvernement provisoire,

*Signé* DUPONT ( de Nemours ), *Secrétaire-général.*

---

## CONSTITUTION.

Le Sénat-Conservateur, délibérant sur le projet
de constitution qui lui a été présenté par le Gouvernement provisoire, en exécution de l'acte du
Sénat du 1er. de ce mois; après avoir entendu le
rapport d'une commission spéciale de sept membres,

Décrète ce qui suit :

Art. 1er. Le Gouvernement français est monarchique et héréditaire de mâle en mâle, par ordre
de primogéniture.

2. Le peuple français appelle librement au trône
de France LOUIS-STANISLAS-XAVIER DE FRANCE,
frère du dernier Roi, et après lui les autres membres de la maison de Bourbon, dans l'ordre ancien.

3. La noblesse ancienne reprend ses titres. La
nouvelle conserve les siens héréditairement. La
Légion d'Honneur est maintenue avec ses prérogatives. Le Roi déterminera la décoration.

4. Le pouvoir exécutif appartient au Roi.

5. Le Roi, le Sénat et le Corps-Législatif con-
courent à la formation des lois. Les projets de lois
peuvent être également proposés dans le Sénat et
dans le Corps-Législatif.

Ceux relatifs aux contributions, ne peuvent l'être
que dans le Corps-Législatif.

Le Roi peut inviter également les deux corps à s'occuper des objets qu'il juge convenables.

La sanction du Roi est nécessaire pour le complément de la loi.

6. Il y a cent cinquante Sénateurs au moins, et deux cents au plus.

Leur dignité est inamovible et héréditaire de mâle en mâle par primogéniture. Ils sont nommés par le Roi.

Les Sénateurs actuels, à l'exception de ceux qui renonceroient à la qualité de citoyens français, sont maintenus et font partie de ce nombre. La dotation actuelle du Sénat et des sénatoreries leur appartient. Les revenus en sont partagés également entr'eux, et passent à leurs successeurs. Le cas échéant de la mort d'un Sénateur sans postérité masculine directe, sa portion retourne au trésor public. Les Sénateurs qui seront nommés à l'avenir ne peuvent avoir part à cette dotation.

7. Les princes de la famille royale et les princes du sang sont de droit membres du Sénat.

On ne peut exercer les fonctions de Sénateur qu'après avoir atteint l'âge de majorité.

8. Le Sénat détermine les cas où la discussion des objets qu'il traite doit être publique ou secrète.

9. Chaque département nommera au Corps-Législatif le même nombre de députés qu'il y envoyoit.

Les Députés qui siégeoient au Corps-Législatif lors du dernier ajournement, continueront à y siéger jusqu'à leur remplacement. Tous conserveront leur traitement.

A l'avenir, ils seront choisis immédiatement par les collèges électoraux, lesquels sont conservés, sauf les changemens qui pourroient être faits par une loi à leur organisation.

La durée des fonctions des Députés au Corps-Législatif est fixée à cinq années. Les nouvelles élections auront lieu pour la session de 1816.

10. Le Corps-Législatif s'assemble de droit chaque année le 1er. octobre. Le Roi peut le convoquer extraordinairement, il peut l'ajourner, il peut aussi le dissoudre ; mais dans ce dernier cas, un autre Corps-Législatif doit être formé, au plus tard dans les trois mois, par les colléges électoraux.

11. Le Corps-Législatif a le droit de discussion. Les séances sont publiques, sauf le cas où il juge à propos de se former en comité général.

12. Le Sénat, le Corps-Législatif, les Colléges électoraux et les assemblées de canton, élisent leur président dans leur sein.

13. Aucun membre du Sénat ou du Corps-Législatif ne peut être arrêté, sans une autorisation préalable du corps auquel il appartient. Le jugement d'un membre du Sénat ou du Corps-Législatif, accusé, appartient exclusivement au Sénat.

14. Les Ministres peuvent être Membres, soit du Sénat, soit du Corps-Législatif.

15. L'égalité de proportion dans l'impôt est de droit. Aucun impôt ne peut être établi ni perçu, s'il n'a été librement consenti par le Corps-Législatif et par le Sénat. L'impôt foncier ne peut être établi que pour un an. Le budget de l'année suivante et les comptes de l'année précédente sont présentés chaque année au Corps-Législatif et au Sénat, à l'ouverture de la session du Corps-Législatif.

16. La loi déterminera le mode et la quotité du recrutement de l'armée.

17. L'indépendance du pouvoir judiciaire est garantie. Nul ne peut être distrait de ses juges naturels. L'institution des jurés est conservée, ainsi

que la publicité des débats en matière criminelle.
La peine de la confiscation des biens est abolie. Le
Roi a le droit de faire grâce.

18. Les Cours et Tribunaux ordinaires actuellement existans sont maintenus ; leur nombre ne
pourra être diminué ou augmenté qu'en vertu d'une
loi. Les juges sont à vie et inamovibles, à l'exception des Juges de paix et des Juges de commerce.
Les Commissions et les Tribunaux extraordinaires
sont supprimés, et ne pourront être rétablis.

19. La Cour de Cassation, les Cours d'appel et
les Tribunaux de première instance proposent au
Roi trois candidats pour chaque place de juge va-
cante dans leur sein. Le Roi nomme les premiers
présidens et le ministère public des Cours et des
Tribunaux.

20. Les militaires en activité, les officiers et soldats en retraite, les veuves et les officiers pensionnés conservent leurs grades, leurs honneurs
et leurs pensions.

21. La personne du Roi est inviolable et sacrée.
Tous les actes du gouvernement sont signés par
un Ministre. Les Ministres sont responsables de
tout ce que ces actes contiendroient d'attentatoire
aux lois, à la liberté publique et individuelle, et
aux droits des citoyens.

22. La liberté des cultes et des consciences est
garantie. Les Ministres des cultes sont également
traités et protégés.

23. La liberté de la presse est entière, sauf la
répression légale des délits qui pourroient résulter
de l'abus de cette liberté. Les commissions sénato-
riales de la liberté de la presse et de la liberté individuelle sont conservées.

24. La dette publique est garantie.
Les ventes des domaines nationaux sont irrévocablement maintenues.

( 3o )

25. Aucun Français ne peut être recherché pour les opinions ou les votes qu'il a pu émettre.

26. Toute personne a le droit d'adresser des pétitions individuelles à toute autorité constituée.

27. Tous les Français sont également admissibles à tous les emplois civils et militaires.

28. Toutes les lois actuellement existantes restent en vigueur, jusqu'à ce qu'il y soit légalement dérogé. Le Code des lois civils sera intitulé : *Code civil des Français.*

29. La présente constitution sera soumise à l'acceptation du peuple français dans la forme qui sera réglée. LOUIS-STANISLAS-XAVIER sera proclamé *Roi des Français* aussitôt qu'il aura juré et signé par un acte portant: *j'accepte la Constitution, je jure de l'observer et de la faire observer.* Ce serment sera réitéré dans la solennité où il recevra le serment de fidélité des Français.

*Signé*, le Prince de Bénévent, président;

Les Comtes de Valence et de Pastoret, secrétaires. Le Prince Archi-Trésorier, les Comtes Abrial, Barbé-Marbois, Emmery, Barthelemy, Beldersbuch, Berthollet, Beurnonville, Cornet, Carbenara, Legrand, Chasseloup, Chollet, Colaud, Davous de Grégory, Decroix, Depère, Dembarrère, Dhaubersaret, Destutt-Tracy, d'Harville, d'Hédouville, Fabre (de l'Aude), Ferino, Dubois-Dubais, de Fontanes, Garat, Grégoire, Herwyn de Nevele, Jaucourt, Klein, Journu-Aubert, Lambreschts, Lanjninais, Lejeas, Lebrun de Rochemont, Lemercier, Meermann, de Lespinasse, de Montbadon, Lenoir-Laroche, de Malleville, Redon, Roger-Ducos, Pere, Tascher, Porcher de Richebourg, de Ponté-Coulant, Saur. Rigal, Saint-Martin de Lamotte, Sainte-Suzanne, Sieyes, Schim-

melpenninck , Van-duen-van-de-Gelder , Van
de Poll , Venturi , Vaubois , duc de Valmy,
Villetard , Vimar , Van-Zuylen van-Nyevelt.

## ABDICATION DE BUONAPARTE.

« Les Puissances alliées ayant proclamé que
l'Empereur Napoléon étoit le seul obstacle au rétablissement de la paix en Europe, l'Empereur
Napoléon, fidèle à son serment, déclare qu'il renonce , pour lui et ses héritiers , aux trônes de
France et d'Italie , et qu'il n'est aucun sacrifice
personnel , même celui de la vie , qu'il ne soit prêt
à faire à l'intérêt de la France.

« Fait au palais de Fontainebleau, le 11 avril
1814.

« *Signé* NAPOLÉON. »

Pour copie conforme ,

*Signé* DUPONT ( de Nemours ), *Secrétaire-Général du Gouvernement
provisoire.*

## DÉCLARATION DU ROI.

LOUIS , par la grace de Dieu , Roi de France
et de Navarre. A tous ceux qui ces présentes ver-
ront , salut :

Rappelé par l'amour de notre peuple au trône
de nos pères , éclairé par les malheurs de la Nation que nous sommes destiné à gouverner , notre première pensée est d'invoquer cette confiance
mutuelle si nécessaire à notre repos, à son bonheur.

Après avoir lu attentivement le plan de Constitution proposé par le Sénat, dans sa séance du 6 avril dernier, nous avons reconnu que les bases en étoient bonnes, mais qu'un grand nombre d'articles portant l'empreinte de la précipitation avec laquelle ils ont été rédigés, ils ne peuvent, dans leur forme actuelle, devenir lois fondamentales de l'Etat;

Résolu d'adopter une Constitution libérale, voulant qu'elle soit sagement combinée, et ne pouvant en accepter une qu'il est indispensable de rectifier, nous convoquons pour le 10 du mois de juin de la présente année, le Sénat et le Corps-Législatif, nous engageant à mettre sous leurs yeux le travail que nous aurons fait avec une commission choisie dans le sein de ces deux corps, et à donner pour base à cette Constitution les garanties suivantes:

Le Gouvernement représentatif sera maintenu tel qu'il existe aujourd'hui, divisé en deux corps, savoir:

Le Sénat, et la chambre composée des Députés des départemens.

L'impôt sera librement consenti.

La liberté publique et individuelle assurée.

La liberté de la presse respectée, sauf les précautions nécessaires à la tranquillité publique.

La liberté des cultes garantie.

Les propriétés seront inviolables et sacrées; la vente des biens nationaux restera irrévocable.

Les Ministres, responsables, pourront être poursuivis par une des chambres législatives et jugés par l'autre.

Les Juges seront inamovibles, et le pouvoir judiciaire indépendant.

La dette publique sera garantie; les pensions, grades, honneurs militaires, seront conservés, ainsi que l'ancienne et la nouvelle noblesse.

La Légion-d'Honneur, dont nous déterminerons la décoration, sera maintenue.

Tout Français sera admissible aux emplois civils et militaires.

Enfin, nul individu ne pourra être inquiété pour ses opinions et ses votes.

Fait à Saint-Ouen, le 2 mai 1814.

*Signé* LOUIS.

~~~~~~~~~~~~~~~~~~~~~~~~~~~~~~~~~~~~~~~~~~~~~~

## TRAITÉ DE PAIX.

### AU NOM DE LA TRÈS-SAINTE ET INDIVISIBLE TRINITÉ,

S. M. le Roi de France et de Navarre, d'une part, et S. M. l'Empereur d'Autriche, Roi de Hongrie et de Bohême, et ses alliés, d'autre part, étant animés d'un égal désir de mettre fin aux longues agitations de l'Europe et aux malheurs des peuples, par une paix solide, fondée sur une juste répartition de forces entre les puissances, et portant dans ses stipulations la garantie de sa durée; et S. M. l'Empereur d'Autriche, Roi de Hongrie et de Bohême, et ses alliés, ne voulant plus exiger de la France, aujourd'hui que, s'étant replacée sous le gouvernement paternel de ses Rois, elle offre ainsi à l'Europe un gage de sécurité et de stabilité, des conditions et des garanties qu'ils lui avoient à regret demandées sous son dernier gouvernement, leursdites Majestés ont nommé des plénipotentiaires pour discuter, arrêter et signer un traité de paix et d'amitié; savoir :

S. M. le Roi de France et de Navarre, M. Char-

3

les–Maurice Talleyrand-Périgord, prince de Bénévent, grand-aigle de la Légion-d'Honneur, grand'croix de l'Ordre de Léopold d'Autriche, chevalier de l'Ordre de Saint-André de Russie, des Ordres de l'Aigle-Noir et de l'Aigle-Rouge de Prusse, etc., son ministre et secrétaire d'Etat des affaires étrangères ;

Et S. M. l'Empereur d'Autriche, Roi de Hongrie et de Bohême, MM. le prince Clément-Venceslas-Lothaire de Metternich-Vinnebourg-Ochsenhausen, chevalier de la Toison-d'Or, grand'croix de l'Ordre de Saint-Etienne, grand-aigle de la Légion-d'Honneur, chevalier des Ordres de Saint-André, de Saint-Alexandre-Newski et de Sainte-Anne de la première classe de Russie, chevalier grand'croix des Ordres de l'Aigle-Noir et de l'Aigle-Rouge de Prusse, grand'croix de l'Ordre de Saint-Joseph de Wurtzbourg, chevalier de l'Ordre de Saint-Hubert de Bavière, de celui de l'Aigle-d'Or de Würtemberg et de plusieurs autres ; chambellan, conseiller intime actuel, ministre d'Etat des conférences et des affaires étrangères de S. M. I. et R. apostolique ;

Et le comte Jean-Philippe de Stadion Thannhaussen et Warthausen, chevalier de la Toison-d'Or, grand'croix de l'Ordre de Saint-Etienne, chevalier des Ordres de Saint-André, de Saint-Alexandre-Newski et de Sainte-Anne de la première classe, chevalier grand'croix des Ordres de l'Aigle-Noir et de l'Aigle-Rouge de Prusse ; chambellan, conseiller intime actuel, ministre d'Etat et des conférences de S. M. I. et apostolique ;

Lesquels, après avoir échangé leurs pleins-pouvoirs trouvés en bonne et due forme, sont convenus des articles suivans :

Art. Ier. Il y aura, à compter de ce jour, paix

et amitié entre S. M. le Roi de France et de Navarre, d'une part, et S. M. l'Empereur d'Autriche, Roi de Hongrie et de Bohême, et ses alliés,
de l'autre part, leurs héritiers et successeurs, leurs
Etats et sujets respectifs à perpétuité. Les hautes
parties contractantes apporteront tous leurs soins
à maintenir, non-seulement entr'elles, mais encore, autant qu'il dépend d'elles, entre tous les
Etats de l'Europe, la bonne harmonie et intelligence si nécessaires à son repos.

II. Le Royaume de France conserve l'intégrité
de ses limites telles qu'elles existoient à l'époque
du 1er. janvier 1792. Il recevra en outre une aug-
mentation de territoire comprise dans la ligne de
démarcation fixée par l'article suivant.

III. Du côté de la Belgique, de l'Allemagne et
de l'Italie, l'ancienne frontière, ainsi qu'elle existoit le 1er. janvier de l'année 1792, sera rétablie,
en commençant de la mer du Nord, entre Dun-
kerque et Nieuport, jusqu'à la Méditerranée entre
Cagnes et Nice, avec les rectifications suivantes :

1º. Dans le département de Jemmapes, les cantons de Dour, Merbes-le-Château, Beaumont et
Chimay, resteront à la France; la ligne de démarcation passera, là ou elle touche le canton de
Dour, entre ce canton et ceux de Boussu et Patu-
rage, ainsi que, plus loin, entre celui de Merbes-
le-Château et ceux de Binch et de Thuin.

2º. Dans le département de Sambre et Meuse,
les cantons de Valcour, Florennes, Beauraing et
Gedinne appartiendront à la France; la démarcation, quand elle atteint ce département, suivra
la ligne qui sépare les cantons précités, du département de Jemmapes et du reste de celui de Sambre et Meuse.

3º. Dans le département de la Moselle, la nouvelle démarcation, là où elle s'écarte de l'an-

cienne, sera formée par une ligne à tirer depuis
Perle jusqu'à Fremersdorf et par celle qui sépare
le canton de Tholey du reste du département de
la Moselle.

4°. Dans le département de la Sarre, les cantons de Saarbruck et d'Arneval resteront à la
France, ainsi que la partie de celui de Lebach,
qui est située au midi d'une ligne à tirer le long des
confins des villages de Herchenbach, Ueberhofen,
Hilsbach et Hall (en laissant ces différens endroits
hors de la frontière française), jusqu'au point où,
pris de Querselle (qui appartient à la France),
la ligne qui sépare les cantons d'Arneval et d'Ott-
weiler atteint celle qui sépare ceux d'Arneval et
de Lebach; la frontière de ce côté sera formée par
la ligne ci-dessus désignée, et ensuite par celle qui
sépare le canton d'Arneval, de celui de Bliescatel.

5°. La forteresse de Landau, ayant formé,
avant l'année 1792, un point isolé dans l'Allemagne, la France conserve au-delà de ses frontières
une partie des départemens du Mont-Tonnerre et
du Bas-Rhin, pour joindre la forteresse de Landau et son rayon au reste du royaume. La nouvelle démarcation, en partant du point ou près
d'Obersteinbach (qui reste hors des limites de la
France), la frontière entre le département de la
Moselle et celui du Mont-Tonnerre, atteint le
département du Bas-Rhin, suivra la ligne qui sépare les cantons de Weissembourg et de Bergza-
bern (du côté de la France), des cantons de Pir-
masens, Dahn et Anweiler (du côté de l'Allemagne), jusqu'au point où ces limites, près du village de Wolmersheim, touchent l'ancien rayon
de la forteresse de Landau. De ce rayon, qui
reste ainsi qu'il étoit en 1792, la nouvelle frontière suivra le bras de la rivière de la Queich qui,
en quittant ce rayon, près de Queihheim (qui

reste à la France), passe près des villages de Me-
rienheim, Knittelsheim et Belheim (demeurant
également François), jusqu'au Rhin, qui continuera ensuite à former la limite de la France et
de l'Allemagne.

Quant au Rhin, le Thalveg constituera la limite, de manière, cependant, que les changemens
que subira par la suite le cours de ce fleuve n'auront à l'avenir aucun effet sur la propriété des
îles qui s'y trouvent. L'état de possession de ces
îles sera rétabli tel qu'il existoit à l'époque de la
signature du Traité de Lunéville.

6°. Dans le département du Doubs, la frontière
sera rectifiée de manière à ce qu'elle commence
au-dessus de la Rançonnière, près de Loche; et
suive la crète du Jura, entre le Cerneux-Péqui-
gnot et le village de Fontenelles, jusqu'à une cime
du Jura, située à environ sept ou huit mille pieds
au nord-ouest du village de la Brevine, où elle
retombera dans l'ancienne limite de la France.

7°. Dans le département du Léman, les frontières entre le territoire françois, le pays de Vaud
et les différentes portions du territoire de la Ré-
publique de Genève (qui fera partie de la Suisse,
restent les mêmes qu'elles étoient avant l'incorpo-
ration de Genève à la France. Mais le canton de
Frangy, celui de Saint-Julien (à l'exception de la
partie située au nord d'une ligne, à tirer du point
où la rivière de la Laire entre près de Chancy
dans le territoire genevois, le long des confins du
Seseguin, Lacouex et Seseneuve, qui resteront
hors des limites de la France), le canton de Rei-
gnier (à l'exception de la portion qui se trouve à
l'est d'une ligne qui suit les confins de la Muraz;
Bussy, Pers et Cornier, qui seront hors des limites
françoises), et le canton de la Roche (à l'exception des endroits nommés la Roche et Armanoy

avec leurs districts, resteront à la France. La frontière suivra les limites de ces différens cantons et les lignes qui séparent les portions qui demeurent à la France de celles qu'elle ne conserve pas.

8°. Dans le département du Mont-Blanc, la France acquiert la sous-préfecture de Chambéry (à l'exception des cantons de l'Hôpital de Saint-Pierre d'Albigny, de la Rocette et de Montmélian); et la sous-préfecture d'Annecy (é l'exception de la partie du canton de Faverges, située à l'est d'une ligne qui passe entre Ourechaise et Marlens du côté de la France, et Marthod et Ugine du côté opposé, et qui suit après la crète des montagnes jusqu'à la frontière du canton de Thones) : c'est cette ligne qui, avec la limite des cantons mentionnés, formera de ce côté la nouvelle frontière.

Du côté des Pyrénées, les frontières restent telle qu'elles étoient entre les deux royaumes de France et d'Espagne à l'époque du 1er. janvier 1792, et il sera de suite nommé une commission mixte de la part des deux couronnes, pour en fixer la démarcation finale.

La France renonce à tous droits de souveraineté, de suzeraineté et de possession sur tous les pays et districts, villes et endroits quelconques situés hors de la frontière ci-dessus désignée, la principauté de Monaco étant toutefois replacée dans les rapports où elle se trouvoit avant le 1er. janvier 1792.

Les cours alliées assurent à la France la possession de la principauté d'Avignon, du comtat Venaissin, du comté de Montbéliard et de toutes les enclaves qui ont appartenu autrefois à l'Allemagne, comprises dans la frontière ci-dessus indiquée, qu'elles aient été incorporées à la France avant ou après le 1er. janvier 1792.

Les puissances se réservent réciproquement la
faculté entière de fortifier tel point de leurs états
qu'elles jugeront convenable pour leur sûreté.

Pour éviter toute lésion de propriétés particulières, et mettre à couvert, d'après les principes
les plus libéraux, les biens d'individus domiciliés
sur les frontières, il sera nommé, par chacun des
états limitrophes de la France, des commissaires
pour procéder conjointement avec les commissaires,
françois, à la délimitation des pays respectifs.

Aussitôt que le travail des commissaires sera
terminé, il sera dressé des cartes signées par les
commissaires respectisf, et placé des poteaux qui
constateront les limites réciproques.

IV. Pour assurer les communications de la ville
de Genève avec d'autres parties du territoire de la
Suisse, situées sur le lac, la France consent à ce
que l'usage de la route par Versoy soit commun
aux deux pays. Les Gouvernemens respectifs s'en-
tendront à l'amiable sur les moyens de prévenir la
contrebande et de régler le cours des postes et
l'entretien de la route.

V. La navigation sur le Rhin, du point où il de-
vient navigable jusqu'à la mer et réciproquement,
sera libre de telle sorte qu'elle ne puisse être in-
terdite à personne; et l'on s'occupera au futur
congrès des principes d'après lesquels on pourra
régler les droits à lever par les Etats riverains, de
la manière la plus égale et la plus favorable au
commerce de toutes les nations.

Il sera examiné et décidé de même dans le futur
congrès, de quelle manière, pour faciliter les
communications entre les peuples et les rendre
toujours moins étrangers les uns aux autres, la dis-
position ci-dessus pourra être également étendue à
tous les autres fleuves qui, dans leurs cours navi-
gables, séparent ou traversent différens Etats.

VI. La Hollande, placée sous la souveraineté de la maison d'Orange, recevra un accroissement de territoire. Le titre et l'exercice de la souveraineté n'y pourront, dans aucun cas, appartenir à aucun prince portant ou appelé à porter une couronne étrangère.

Les Etats de l'Allemagne seront indépendans et unis par un lien fédératif.

La Suisse indépendante continuera de se gouverner par elle-même.

L'Italie, hors des limites des pays qui reviendront à l'Autriche, sera composée d'Etats souverains.

VII. L'île de Malte et ses dépendances appartiendront en toute propriété et souveraineté à S. M. Britannique.

VIII. S. M. Britannique stipulant pour elle et ses alliés, s'engage à restituer à S. M. très-chrétienne, dans les délais qui seront ci-après fixés, les colonies, pêcheries, comptoirs et établissemens de tout genre que la France possédoit au 1er. janvier 1792, dans les mers et sur les continens de l'Amérique, de l'Afrique et de l'Asie, à l'exception toutefois des îles de Tabago et de Sainte-Lucie, et de l'île de France et de ses dépendances, nommément Rodrigue et les Séchelles, lesquelles S. M. très-chrétienne cède en toute propriété et souveraineté à S. M. Britannique, comme aussi de la partie de Saint-Domingue cédée à la France par la paix de Bâle, et que S. M. très-chrétienne rétrocède à S. M. catholique en toute propriété et souveraineté.

IX. S. M. le roi de Suède et de Norwège, en conséquence d'arrangemens pris avec ses alliés, et pour l'exécution de l'article précédent, consent à ce que l'île de la Guadeloupe soit restituée à S. M. très-chrétienne, et cède tous les droits qu'il peut avoir sur cette île.

( 41 )

X. S. M. très-fidèle, en conséquence d'arrangemens pris avec ses alliés, et pour l'exécution de l'art. 8, s'engage à restituer à S. M. très-chrétienne, dans le délai ci-après fixé, la Guyanne française, telle qu'elle existait au premier janvier 1792.

L'effet de la stipulation ci-dessus étant de faire revivre la contestation existante à cette époque au sujet des limites, il est convenu que cette contestation sera terminée par un arrangement amiable entre les deux Cours, sous la médiation de S. M. Britannique.

XI. Les places et forts existans dans les Colonies et établissemens qui doivent être rendus à S. M. très-chrétienne, en vertu des art. 8, 9 et 10, seront remis dans l'état où ils se trouveront au moment de la signature du présent traité.

XII. S. M. britannique s'engage à faire jouir les sujets de S. M. très-chrétienne, relativement au commerce et à la sûreté de leurs personnes et propriétés dans les limites de la souveraineté britannique sur le continent des Indes, des mêmes facilités, priviléges et protection qui sont à présent ou seront accordés aux Nations les plus favorisées. De son côté, S. M. très-chrétienne n'ayant rien plus à cœur que la perpétuité de la paix entre les deux couronnes de France et d'Angleterre; et voulant contribuer autant qu'il est en elle à écarter dès-à-présent des rapport des deux peuples, ce qui pourroit un jour altérer la bonne intelligence mutuelle, s'engage à ne faire aucun ouvrage de fortification dans les établissemens qui lui doivent être restitués et qui sont situés dans les limites de la souveraineté britannique sur le continent des Indes, et à ne mettre dans ces établissemens que le nombre de troupes nécessaires pour le maintien de la police.

XIII. Quant au droit de pêche des Français sur le grand banc de Terre - Neuve , sur les côtes de l'île de ce nom et des îles adjacentes , et dans le golfe de Saint-Laurent , tout sera remis sur le même pied qu'en 1792.

XIV. Les Colonies, Comptoirs et Etablissemens qui doivent être restitués à S. M. Très-Chrétienne par S. M. Britannique ou ses Alliés seront remis; savoir : ceux qui sont dans les mers du Nord ou dans les mers et sur les continens de l'Amérique et de l'Afrique, dans les trois mois, et ceux qui sont au-delà du cap de Bonne-Espérance dans les six mois qui suivront la ratification du présent traité.

XV. Les hautes parties contractantes s'étant réservé , par l'article 4 de la convention du 23 avril dernier, de régler dans le présent traité de paix définitive le sort des arsenaux et des vaisseaux de guerre armés et non armés qui se trouvent dans les places maritimes remises par la France en exécution de l'article 2 de ladite convention , il est convenu que lesdits vaisseaux et bâtimens de guerre armés ou non armés , comme aussi l'artillerie navale et les munitions navales et tous les matériaux de construction et d'armement , seront partagés entre la France et le pays où les places sont situées , dans la proportion de deux tiers pour la France et d'un tiers pour les Puissances auxquelles lesdites places appartiendront.

Seront considérés comme matériaux et partagés comme tels dans la proportion ci-dessus énoncée , après avoir été démolis, les vaisseaux et bâtimens en construction qui ne seroient pas en état d'être mis en mer six semaines après la signature du présent traité.

Des Commissaires seront nommés de part et d'autre pour arrêter le partage et en dresser l'état ; et des passeports ou sauf-conduits seront donnés par les Puissances alliées pour assurer le retour en

France des ouvriers, gens de mer et employés français.

Ne sont compris dans les stipulations ci-dessus les vaisseaux et arsenaux existant dans les places maritimes qui seroient tombés au pouvoir des Alliés antérieurement au 23 avril, ni les vaisseaux et arsenaux qui appartenoient à la Hollande, et nommément la flotte du Texel.

Le Gouvernement de France s'oblige à retirer ou à faire vendre tout ce qui lui appartiendra par les stipulations ci-dessus énoncées, dans le délai de trois mois après le partage effectué.

Dorénavant le port d'Anvers sera uniquement un port de commerce.

XVI. Les hautes parties contractantes, voulant mettre et faire mettre dans un entier oubli les divisions qui ont agité l'Europe, déclarent et promettent que, dans les pays restitués et cédés par le présent traité, aucun individu, de quelque classe et condition qu'il soit, ne pourra être poursuivi, inquiété ou troublé, dans sa personne ou dans sa propriété, sous aucun prétexte, où à cause de sa conduite ou opinion politique, ou de son attachement, soit à aucune des parties contractantes, soit à des Gouvernemens qui ont cessé d'exister, ou pour toute autre raison, si ce n'est pour les dettes contractées envers des individus, ou pour des actes postérieurs au présent traité.

XVII. Dans tous les pays qui doivent ou devront changer de maîtres, tant en vertu du présent traité, que des arrangemens qui doivent être faits en conséquence, il sera accordé aux habitans naturels et étrangers, de quelque condition et nation qu'ils soient, un espace de six ans, à compter de l'échange des ratifications, pour disposer, s'ils le jugent convenable, de leurs propriétés acquises, soit avant, soit depuis la guerre actuelle, et se retirer dans tel pays qu'il leur plaira de choisir.

XVIII. Les Puissances alliées voulant donner à S. M. très-chrétienne un nouveau témoignage de leur desir de faire disparoître, autant qu'il est en elles, les conséquences de l'époque de malheur si heureusement terminée par la présente paix, renoncent à la totalité des sommes que les Gouvernemens ont à réclamer de la France à raison de contrats, de fournitures ou d'avances quelconques faites au Gouvernement français dans les différentes guerres qui ont eu lieu depuis 1792.

De son côté, S. M. très-chrétienne renonce à toute réclamation qu'elle pourroit former contre les Puissances alliées aux mêmes titres. En exécution de cet article, les hautes parties contractantes s'engagent à se remettre mutuellement tous les titres, obligations et documens qui ont rapport aux créances auxquelles elles ont réciproquement renoncé.

XIX. Le Gouvernement français s'engage à faire liquider et payer les sommes qu'il se trouveroit devoir d'ailleurs dans des pays hors de son territoire, en vertu de contrats ou d'autres engagemens formels passés, entre des individus ou des établissemens particuliers et les autorités françaises, tant pour fournitures qu'à raison d'obligations légales.

XX. Les hautes Puissances contractantes nommeront, immédiatement après l'échange des ratifications du présent traité, des Commissaires pour régler et tenir la main à l'exécution de l'ensemble des dispositions renfermées dans les articles 18 et 19. Ces Commissaires s'occuperont de l'examen des réclamations dont il est parlé dans l'article précédent, de la liquidation des sommes réclamées, et du mode dont le Gouvernement français proposera de s'en acquitter. Ils seront chargés de même de la remise des titres, obligations et documens relatifs aux créances auxquelles les hautes parties contractantes renoncent mutuellement, de manière que la ratification du résultat de leur travail complètera cette renonciation réciproque.

XXI. Les dettes spécialement hypothéquées dans leur origine sur les pays qui cessent d'appartenir à la France, ou contractées pour leur administration intérieure, resteront à la charge de ces mêmes pays. Il sera tenu compte en conséquence au Gouvernement français, à partir du 22 décembre 1813, de celles de ces dettes qui ont été converties en inscriptions au grand livre de la dette publique de France. Les titres de toutes celles qui ont été préparées pour l'inscription, et n'ont pas encore été inscrites seront remis aux gouvernemens des pays respectifs. Les états de toutes ces dettes seront dressés et arrêtés par une commission mixte.

XXII. Le Gouvernement français restera chargé, de son côté, du remboursement de toutes les sommes versées par les sujets des pays ci-dessus mentionnés, dans les caisses françaises, soit à titre de cautionnemens, de dépôts ou de consignation. De même les sujets Français, serviteurs desdits pays, qui ont versé des sommes à titre de caution-dépôts ou consignations, dans leurs trésors respectifs, seront fidèlement remboursés.

XXIII. Les titulaires des places assujetties à cautionnement, qui n'ont pas de maniement de deniers, seront remboursés avec les intérêts jusqu'à parfait paiement à Paris, par cinquième et par année, à partir de la datte du présent Traité.

A l'égard de ceux qui sont comptables, ce remboursement commencera au plus tard six mois après la présentation de leurs comptes, le seul cas de malversation excepté. Une copie du dernier compte sera remise au Gouvernement de leur pays, pour lui servir de renseignement et de point de départ.

XXIV. Les dépôts judiciaires et consignations faits dans la caisse d'amortissement, en exécution de la loi du 28 nivôse an 13 (18 janvier 1805), et qui appartiennent à des habitans des pays que la France cesse de posséder, seront remis, dans le terme d'une année à compter de l'échange des ratifications du présent Traité, entre les mains des autorités desdits pays, à l'exception de ceux de ces dépôts et consignations qui intéressent des sujets Français, dans lequel cas ils resteront dans la caisse d'amortissement, pour n'être remis que sur les justifications résultantes des décisions des Autorités compétentes.

XXV. Les fonds déposés par les Communes et Établissemens publics dans la caisse de service et dans la caisse d'amortissement, ou dans toute autre caisse du Gouvernement, leur seront remboursés par cinquièmes d'année en année, à partir de la date du présent Traité, sous la déduction des avances qui leur auroient été faites et sauf des oppositions régulières faites sur ces fonds par des créanciers desdites communes et desdits établissemens publics.

XXVI. A dater du premier janvier 1814, le Gouvernement français cesse d'être chargé du paiement de toute pension civile, militaire et ecclésiastique, solde de retraite et traitement de réforme, à tout individu qui se trouve n'être plus sujet français.

XXVII. Les domaines nationaux acquis à titre onéreux par des sujets français, dans les ci-devant départemens de la Belgique, de la rive gauche du Rhin et des Alpes, hors des anciennes limites de la France, sont et demeurent garantis aux acquéreurs.

**XXVIII.** L'abolition des droits d'aubaine, de détraction et autres de la même nature dans les pays qui l'ont réciproquement stipulée avec la France, ou qui lui avaient précédemment été réunis, est expressément maintenue.

**XXIX.** Le Gouvernement français s'engage à faire restituer les obligations et autres titres qui auroient été saisis dans les provinces occupées par les armées ou les administrations françaises; et, dans le cas où la restitution ne pourroit en être effectuée, ces obligations et titres sont et demeurent anéantis.

**XXX.** Les sommes qui seront dues pour tous les travaux d'utilité publique non encore terminés, ou terminés postérieurement au 31 décembre 1812, sur le Rhin et dans les Départemens détachés de la France par le présent traité, passeront à la charge des futurs possesseurs du territoire, et seront liquidées par la Commission chargée de la liquidation des dettes des pays.

**XXXI.** Les archives, cartes, plans et documens quelconques, appartenans aux pays cédés, ou concernant leur administration, seront fidèlement rendus en même temps que le pays, ou, si cela étoit impossible, dans un délai qui ne pourra être de plus de six mois après la remise des pays mêmes. Cette stipulation est applicable aux archives, cartes et planches qui pourroient avoir été enlevées dans les pays momentanément occupés par les différentes armées.

**XXXII.** Dans le délai de deux mois, toutes les puissances qui ont été engagées de part et d'autre dans la présente guerre, enverront des plénipotentiaires à Vienne pour régler, dans un congrès général, les arrangemens qui doivent compléter les dispositions du présent traité.

**XXXIII.** Le présent traité sera ratifié, et les ratifications en seront échangées dans le délai de quinze jours, ou plutôt si faire se peut.

En foi de quoi, les Plénipotentiaires respectifs l'ont signé et y ont apposé le cachet de leurs armes.

Fait à Paris, le 30 mai, l'an de grace 1814.

(*Locus sigilli.*) Le Prince DE BÉNÉVENT.

(*Locus sigilli.*) Le Prince DE METTERNICH.

(*Locus sigilli.*) P. P. Comte DE STADION.

## ARTICLE ADDITIONNEL,

Les hautes Parties contractantes, voulant éffacer toutes les traces des événemens malheureux qui ont pesé sur leurs peuples, sont convenues d'annuler explicitement les effets des traités de 1805, et 1809, en autant qu'ils ne sont déjà annulés de fait par le présent traité. En conséquence de cette détermination, S. M. très-chrétienne promet que les décrets portés contre des Sujets français ou réputés Français, étant ou ayant été au service de S. M. I. et R. apostolique, demeureront sans effet, ainsi que les jugemens qui ont pu être rendus en exécution de ces décrets.

Le présent article additionnel aura la même force et valeur que s'il étoit inséré mot à mot au traité patent de ce jour. Il sera ratifié, et les ratifications en seront échangées en même temps.

En foi de quoi les Plénipotentiaires respectifs l'ont signé, et y ont apposé le cachet de leurs armes.

Fait à Paris, le 30 mai de l'an de grace 1814.

Le même jour, dans le même lieu et au même moment, le même traité dé paix définitive a été conclu :

Entre la France et la Russie,

Entre la France et la Grande-Bretagne,

Entre la France et la Prusse,

Et signé, savoir :

Le traité entre la France et la Russie ;

Pour la France, par M. Charles-Maurice Talley
rand-Périgord, Prince de Bénévent ( *ut suprà* );

Et pour la Russie, par MM. André, Comte de
Rasoumoffsky, Conseiller privé actuel de S. M.
l'Empereur de toutes les Russies, Chevalier des
ordres de Saint-André, de Saint-Alexandre-Newski,
Grand'Croix de celui de Saint-Wolodimir de la
première classe; et Charles – Robert, Comte de
Nesselrode, Conseiller privé de Sadite Majesté,
Chambellan actuel, Secrétaire d'Etat, Chevalier
des Ordres de Saint-Alexandre-Newski, Grand'-
Croix de celui de Saint-Wolodimir de la seconde
classe, Grand'Croix de l'Ordre de Léopold d'Autriche, de celui de l'Aigle-Rouge de Prusse, de
l'Etoile polaire de Suède et l'Aigle d'Or de Wurtemberg.

Le traité entre la France et la Grande-Bretagne :

Pour la France, par M. Charles-Maurice Talleyrand-Périgord, Prince de Bénévent ( *ut suprà* );

Et pour la Grande-Bretagne, par le très-honorable Robert Stewart, Vicomte Castlereagh, Conseiller de S.M. le Roi du Royaume-Uni de la Grande-
Bretagne et d'Irlande en son Conseil privé, Membre de son Parlement, Colonel du Régiment de
Milice de Londonderry, et son principal Secrétaire d'Etat, ayant le département des affaires
étrangères, etc. etc. etc.;

Le sieur Georges Gordon, Comte d'Aberdeen,
Vicomte de Formartine, lord Haddo, Methlic,
Tarvis et Kellie, etc. L'un des seize Pairs, Repré-

sentans la Pairie de l'Ecosse dans la Chambre haute, Chevalier de son très-ancien et très-noble Ordre du Chardon, son Ambassadeur extraordinaire et plénipotentiaire près S. M. I. et R. apostolique ;

Le sieur Guillaume Shaw Cathcart, Vicomte de Cathcart, Baron Cathcart et Greenock, Conseiller de Sadite Majesté en son Conseil privé, Chevalier de son Ordre du Chardon et des Ordres de Russie, Général dans ses armées, et son Ambassadeur extraordinaire et plénipotentiaire près de S. M. l'Empereur de toutes les Russies ;

Et l'honorable Charles - Guillaume Stewart, Chevalier de son très-honorable Ordre du Bain, Membre de son Parlement, Lieutenant Général dans ses armées, Chevalier des Ordres de l'Aigle-Noir et de l'Aigle-Rouge de Prusse et de plusieurs autres, et son Envoyé extraordinaire et Mintitre plénipotentiaire près S. M. le Roi de Prusse.

Le traité entre la France et la Prusse :

Pour la France, par M. Charles-Maurice Taleyrand-Périgord, prince de Bénévent, ( *ut suprà.* )

Et pour la Prusse, par MM. Charles-Auguste baron de Hardenberg, chancelier d'Etat de S. M. le Roi de Prusse, chevalier du grand Ordre de l'Aigle-Noir, de l'Aigle-Rouge, de celui de Saint-Jean de Jérusalem et de la Croix de Fer de Prusse, grand-aigle de la Légion-d'honneur, chevalier des Ordres de Saint-André, de Saint-Alexandre-Newsky et de Sainte-Anne de première classe de Russie, grand'croix de l'Ordre de Saint-Etienne de Hongrie, chevalier de l'Ordre de Saint-Charles d'Espagne, de celui des Séraphins de Suède, de l'Aigle d'Or de Wurtemberg et de plusieurs autres; et Charles-Guillaume, baron de Humboldt, ministre d'Etat de sadite Majesté, chambellan et envoyé extraordinaire et ministre plénipotentiaire auprès de Sa Majesté Impériale et Royale apostolique, chevalier du grand Ordre de l'Aigle-Rouge, de celui de la Croix de Fer de Prusse, et de celui de Sainte-Anne de première classe de Russie.

Avec les articles additionnels suivans:

*Article additionnel au traité avec la Russie.*

Le duché de Varsovie étant sous l'administration d'un conseil provisoire établi par la Russie, depuis que ce pays a été occupé par ses armes, les deux hautes parties contractantes sont convenues de nommer immédiatement une commission spéciale composée de part et d'autre, d'un nombre égal de commissaires qui seront chargés de l'examen, de la liquidation et de tous les arrangemens relatifs aux prétentions réciproques.

Le présent article additionnel aura la même force et la même valeur que s'il étoit inséré mot à mot au traité patent de ce jour. Il sera ratifié, et les ratifications en seront échangées en même temps. En foi de quoi les plénipotentiaires respectifs l'ont signé et y ont apposé le cachet de leurs armes.

Fait à Paris, le trente mai, l'an de grace mil huit cent quatorze.

(L. S.) Signé, le prince de Bénévent.
(L. S.) Signé, André, comte de Razoumoffesky.

(L. S.) Signé, Charles Robert, comte de Nesselrode.

## Articles additionnels au traité avec la Grande-Bretagne.

ART. Ier. Sa Majesté très-chrétienne, partageant sans réserve tous les sentimens de Sa Majesté Britannique, relativement à un genre de commerce que repoussent et les principes de la justice naturelle et les lumières des temps où nous vivons, s'engage à unir, au futur congrès, tous ses efforts à ceux de Sa Majesté Britannique, pour faire prononcer par toutes les puissances de la chrétienté, l'abolition de la traite des noirs, de telle sorte que ladite traite cesse universellement comme elle cessera définitivement et dans tous les cas, de la part de la France, dans un délai de cinq années, et qu'en outre, pendant la durée de ce délai, aucun trafiquant d'esclaves n'en puisse importer, ni vendre ailleurs que dans les colonies de l'état dont il est sujet.

II. Le Gouvernement britannique et le Gouvernement françois, nommeront incessamment des commissaires pour liquider leurs dépenses respectives pour l'entretien des prisonniers de guerre, afin de s'arranger sur la manière d'acquitter l'excédent qui se trouveroit en faveur de l'une ou de l'autre des deux puissances.

III. Les prisonniers de guerre respectifs seront tenus d'acquitter, avant leur départ du lieu de leur détention, les dettes particulières qu'ils pourroient y avoir contractées, ou de donner au moins caution satisfaisante.

IV. Il sera accordé de part et d'autre, aussitôt après la ratification du Traité de paix, main-levée du séquestre qui auroit été mis depuis l'an mil sept cent quatre-vingt-douze, sur les fonds, revenus, créances et autres effets quelconques des hautes parties contractantes ou de leurs sujets. Les mêmes commissaires dont il est fait mention à l'article 2, s'occuperont de l'examen et de la liquidation des réclamations des sujets de Sa Majesté Britannique envers le Gouvernement françois, pour la valeur des biens, meubles ou immeubles indûement confisqués par les autorités françoises, ainsi que pour la perte totale ou partielle de leurs créances, ou autres propriétés indûement retenues sous le séquestre depuis l'année mil sept cent quatre-vingt-douze. La France s'engage à traiter à cet égard les sujets anglois avec la même justice que les sujets françois ont éprouvé en Angleterre; et le Gouvernement anglois, désirant concourir pour sa part au nouveau témoignage que les puissances alliées ont voulu donner à Sa Majesté très-chrétienne de leur désir de faire disparoître les conséquences de l'époque de malheur, si heureusement terminée par la présente paix, s'engage de son côté à renoncer, dès que justice complète sera rendue à ses sujets, à la totalité de l'excédent qui se trouveroit en sa faveur, relativement à l'entretien des prisonniers de guerre, de manière que la ratification du résultat du travail des commissaires susmentionnés et l'acquit des sommes, ainsi que la restitution des effets qui seront jugés appartenir aux sujets de Sa Majesté Britannique, completteront sa renonciation.

V. Les deux hautes parties contractantes désirant d'établir les relations les plus amicales entre leurs sujets respectifs, se réservent et promettent de s'entendre et de s'arranger, le plutôt que faire se pourra, sur leurs intérêts commerciaux, dans l'intention d'encourager et d'augmenter la prospérité de leurs Etats.

Les présens articles additionnels auront la

même force et valeur que s'ils étoient insérés mot à mot au Traité de ce jour. Ils seront ratifiés, et les ratifications en seront échangées en même temps. En foi de quoi les plénipotentiaires respectifs l'ont signé et y ont apposé le cachet de leurs armes.

Fait à Paris le 30 mai de l'an de grâce 1814.

*Signés*, le Prince DE BÉNÉVENT ; CASTLEREAGH ; ABERDEEN; CATHCART; CHARLES-STEWART ; lieutenant-général.

### *Article additionnel au traité avec la Prusse.*

Quoique le Traité de paix conclu à Bâle le 5 avril 1795, celui de Tilsitt du 9 juillet 1807, la convention de Paris du 20 sepsembre 1808, ainsi que toutes les conventions et actes quelconques conclus depuis la paix de Bâle entre la Prusse et la France soient déjà annulées de fait par le présent Traité, les hautes parties contractantes ont jugé néanmoins à propos de déclarer encore expressément que lesdits traités cessent d'être obligatoires pour tous leurs articles tant patents que secrets, et qu'elles renoncent mutuellement à tout droit et se dégagent de toute obligation qui pourroient en découler.

Sa Majesté très-chrétienne promet que les décrets portés contre des sujets françois ou réputés françois, étant ou ayant été au service de Sa Majesté Prussienne, demeureront sans effet, ainsi que les jugemens qui ont pu être rendus en exécution de ces décrets.

Le présent article additionnel aura la même force et valeur que s'il étoit inséré mot à mot au Traité patent de ce jour.

Il sera ratifié, et les ratifications en seront

échangées en même-temps. En foi de quoi les
plénipotentiaires respectifs l'ont signé et y ont apposé le cachet de leurs armes.

Fait à Paris, le 30 mai de grâce 1814.

*Signés*, le Prince DE BÉNÉVENT; CHARLES-
AUGUSTE, baron DE HARDENBERG;
CHARLES-GUILLAUME baron DE
HUMBOLDT.

F I N.